सड़क मोड़ घर और मैं

सड़क मोड़ घर और मैं

निर्मला तोदी

वाणी प्रकाशन

वाणी प्रकाशन
4695, 21-ए, दरियागंज, नयी दिल्ली 110 002

शाखा
अशोक राजपथ, पटना 800 004

फ़ोन : +91 11 23273167 फ़ैक्स : +91 11 23275710

www.vaniprakashan.in
vaniprakashan@gmail.com
sales@vaniprakashan.in

SADAK MOD GHAR AUR MAIN
by Nirmala Todi

ISBN : 978-93-5229-602-6
Collection of Poems

प्रथम संस्करण

मूल्य : ₹ 295

सिटी प्रेस, दिल्ली-110 095 में मुद्रित

वाणी प्रकाशन का लोगो मक़बूल फ़िदा हुसेन की कूची से

कुणाल, सलोनी

हिमानी, रिद्धि, ईनान के लिए

अनुक्रम

आकाश चाँद सूरज और सबेरा
पृथ्वी पेड़ चिड़िया उसका बसेरा
फूल तितली और भँवरा
सड़क एक मोड़ फिर घर मेरा
इन सबके बीच
मैं रहती हूँ।

इस तरह मैं

मैं उसे नहीं देख पाती
उसके बनाये पेड़, फूल, तितली, भँवरे देख लेती हूँ
इन्द्रधनुष भी

मैं उससे बातें कर लेती हूँ
घंटों ढेर सारी
डाल पर बैठी चिड़िया हुंकारा भी भर देती है

मैं उसे नहीं पा सकती
एक नन्हा सा खरगोश
सफेद कबूतरों के एक जोड़े के पास चली जाती हूँ

मैं उसे नहीं छू सकती
धरती पर बिछी मुलायम घास
उस पर बिखरी ओस की बूँदों को छू लेती हूँ

इस तरह मैं
उसे देख लेती हूँ
छू लेती हूँ
पा लेती हूँ
और पूर्ण हो जाती हूँ
एक पल में।

मैं

यहाँ एक बूँद है–
मैं...मैं...मैं...

और भीड़ है।

स्वीकारना

सूखी जमीन से
ढूँढ़ कर पानी
कुआँ खोद लेते हैं

गहरे समुंद्र में
गोता लगाकर
मोती निकाल लेते हैं

पृथ्वी के भीतर
खदानें बना
हीरा निकाल लेते हैं

यह सब आसान है
सबसे कठिन है
अपने भीतर उतरना
उसके कोनों-अँतरों को ढूँढना

अगर मिल जाये तो पहचानना
फिर पहचानकर मानना
स्वीकारना।

ध्यान में

आँखें बन्द थीं
बैठी थीं ध्यान में
सामने आकर खड़ा हो गया एक पेड़

हवा जोरों से बह रही थी
पेड़ की सन्नाटे वाली साँय-साँय की आवाज
साथ बह रही थी
पेड़ खड़ा था चुपचाप
एक पत्ती भी नहीं हिल रही थी

पृथ्वी से बड़ा हो गया था पेड़
मैंने आँखें खोल दीं
अब पेड़ के पत्ते लहराने लगे
उस पर बैठी नीली चिड़िया की आँखों को
आसमान ताक रहा था
झम-झम बारिश होने लगी
चिड़िया उड़ने लगी
आँखों के आसमान में

मैंने चिड़िया को आवाज लगाई
क्या तुम्हें 'अभिमान' नहीं होता

घंटे भर के ध्यान के बाद
मेरे पास यही एक बात बची थी।

एकान्त में

एकान्त में
यादों का एक जंगल होता है
एक पंचायत होती है
सही गलत का फैसला होता है

वहाँ शान्त नीला आकाश सामने खड़ा होता है
वर्तमान धुँधला
भूत और भविष्य एकदम साफ और चमकीले

बन्द कमरे में
एक चिड़िया की फड़फड़ाहट सुनाई देती है
उसके साथ बावरी उड़ानें

वहीं एक जलस्रोत फूटता है
बहती है एक नदी प्यारी सी
एक नाव सूखी रेत पर जाकर टिक जाती है
टिमटिमाती लालटेन जलती है बहुत दूर

पानी की गन्ध टकराती है मस्तिस्क से
शान्त नीला आकाश सामने खड़ा होता है।

मन : तीन चित्र

जब मन एकदम शान्त होता है
उसमें डुबकी लगाई जा सकती है

उसमें ज्वार-भाटा उठ रहा हो
किनारे खड़े होकर देखा जा सकता है

जब वह बहता है प्रेम में होता है।

स्रष्टा और द्रष्टा

कविता में
मैं होती हूँ
और मेरा कवि

कविता को इससे कोई फर्क नहीं पड़ता।

उसके लिए
एक जमीन होती है
तो दूसरा आसमान।

मंच पर कलाकार
पूरी तरह चरित्र में ढल जाता है
और फिर पास खड़ा होकर देखता भी है।

चित्रकार रंगों में घुल जाता है
रंगों को घोलकर
चित्र बनाता है
डूबकर।

सुरों में डूबकर ही
साधा जाता है सुर ताल को
उसे ही थामे हुए।

ध्यान में भी
ऐसा ही होता है
शून्य में डूबकर
देखते हैं स्वयं को डूबते हुए
साक्षी भाव से।

सभी कलाओं का एक ही चलन
स्वयं को खोना
स्वयं को तलाशते हुए।

चित्रकार

(लस्ट फॉर लाइफ पढ़ते हुए)

कला में कोई फार्मूला नहीं होता
यहाँ दो और दो चार हो
जरूरी नहीं

इसका सूरज कहीं से भी उगता है
आकाश में खिलते हैं सूर्यमुखी
लाल काले नीले पीले

चाँदनी बैंगनी-बैंगनी
चित्रकार अपने में डूबता है
तब प्रकृति उसके पास आती है

एक खोज...
एक खालीपन...
एक खालीपन...एक पागलपन
अपने आप को उड़ेल देना रंगों में

कलाकार कुछ नहीं बोलता
कला सब कुछ बोलती है

सामने शरीर होता है
वह उसकी आत्मा
उसके मन को आँकता है
चित्र की हर एक रेखा
उसकी प्राण रेखा होती है

चित्र छिपा हो तो भी
रंग बोलते हैं।

मेरी कविता

वह आयी मेरे पास
उलझी-उलझी

मैं दूर रखना चाहती हूँ उसे
बड़े झंझट हैं उसके साथ
विचार
भावनाएँ
अनुभव
संवेदना
शिल्प
ज्ञान
ढेर सारे शब्द
सब गड्डमड्ड

जैसे एक चित्र
बिना आकृति के
ढेर सारे रंगों के बावजूद।

काफिला

पाँच-छः नारियल के पेड़
एक कतार में
बीस-तीस चिड़ियाँ अब बैठी हैं
एक ही पेड़ पर

यह सच है उन्हें
एक कस्बा
एक गाँव एक समाज
बसाना अच्छा लगता है

खुले आसमान पर स्वच्छन्द घूमती हैं
फिर भी
उड़ती हैं कारवाँ बनाकर

उन्हें अपना काफिला बनाना अच्छा लगता है।

साथ-साथ, पास-पास

वहाँ केले के
बड़े-बड़े पत्तों के पेड़

छोटी-छोटी झरझराती पत्तियों के पेड़
इमली के

लम्बे-लम्बे
नारियल और सुपारी के

सभी पेड़ खड़े हैं
साथ-साथ
पास-पास
हम लोगों में
ऐसा क्यों नहीं होता।

कैसा लगता है

पौ फटी भी नहीं थी
घरघराती जीप गुजरती है

ऐ मूक शान्त दरख्तो
तुम्हें कैसा लगता है

कौन सुने
मूक बोल तुम्हारे
सोचे ठहर एक पल
जब घरघराती जीप गुजरती है
तुम्हें कैसा लगता है

कौन सी साधना
कैसी तन्मयता
टूटती है
जब घरघराती जीप गुजरती है

क्या यह भी सम्भव है
हर्षित होते हो
देख आँगन में आये मेहमान कई

जब घरघराती जीप गुजरती है
तुम्हें कैसा लगता है

जननी

1

जब एक जननी जन्म दे रही होती है
वहाँ सृष्टि निर्माता खड़ा होता है

खुश होता है
कृतज्ञ होता है

होता है अचम्भित
उस उर्वरता को देख

वही समय
सृष्टि के सृजन का समय होता है

2

जब वह दूध पिला रही होती है
पूरी पृथ्वी को सींच रही होती है।

उसके घोंसले में
उसके नर्म गर्म सांसों से
झाँकता है पूरा जीवन

जननी सँभालती है पूरा ब्रह्माण्ड
सूर्य की गरमी और
घास की नरमी के साथ

जैसे धरती पोसती है जड़ों को
उसकी गोद में ही पलती है पूरी कायनात।

प्रकृति : दस कविताएँ

पूछती हूँ मैं

ओ पंखों वाली
पिंजरे में हो
तुम्हारा मन कहाँ है?

टॉनिक

कोमल कोमल फूल
सह लेते हैं कड़ी धूप

आसमान से रात भर
बरसता है टॉनिक
ओस का।

धूप बादल

अलसुबह की पहली धूप
चली आहिस्ता-आहिस्ता
हरी-हरी घास पर
बिछ जाने को

बादलों ने घास को
ढक रखा था

धूप बादलों को सहलाकर सरकाकर
चमकने लगी घास पर।

बारिश का इन्तजार

इन्तजार
बारिश की बूँदों का करती हूँ

बादल है कि नहीं
देखती भी नहीं।

बादल दिखते हैं

बादल दिखते हैं
आसमान पर छितरे हुए

असल में वे होते हैं
अपनी सतह पर लटके हुए

पृथ्वी के बुलावे का इन्तजार करते हुए
शान्त ध्यान मग्न से
देखकर लगता ही नहीं
गरजते हैं इतनी जोर से कि
धरती पर खड़ा मानुस डर जाये।

बूँदें

हवा के साथ
नन्ही-नन्ही बूँदें बरस रही हैं

लगता ही नहीं
बारिश की बूँदें हैं।

बरसो न

आसमान का नया-नया रंग
बदली-बदली हवा
फुसफुसा कर कह गयी
बादल बरस रहे हैं उधर
यहाँ थोड़ा सा अँधियारा
थोड़ी सी गर्जन

ऐ बादल
आओ, इधर भी बरसो
बरसो...बरसो...बरसो...
बरसो न!

पूरा संसार

छोटी सी गौरैया
छोटा सा तिनका लिए आयी

एक नया पूरा संसार बसेगा
इस कमरे में।

चिड़िया ने कहा

क्या आपके साथ ऐसा हुआ है

आप बैठी हैं चुपचाप
और चिड़िया ने आकर कहा
देखो! सुबह हो रही है।

पानी और पत्ते

पत्तों पर ओस की बूँदें,
बरसात की बूँदें
गिरती हैं
पत्ते सुख से भीग जाते हैं
गहरे हरे हो जाते हैं
चमक उठते हैं

लेकिन पत्तों पर पानी नहीं टिकता

पानी पर गिरे पत्ते
पानी के साथ रहते हैं
बहते पानी के साथ बहते हुए
ठहरे पानी के साथ ठहरे हुए
अन्त तक।

रात भर घूमी हूँ मैं

धूप की एक तिरछी सी लकीर
पर्दों के बीच से झाँककर
जगा गयी

पर्दा सरकाकर देखा
कुछ भी नहीं बदला
वही आसमान है रोज वाला
वही पेड़ पंछी
वहीं पर

मैं न जाने कौन सी यात्रा से लौटी हूँ
नयी-नयी रंग-बिरंगी पृथ्वी की यात्रा
हरे-हरे आसमान की यात्रा
चाँद से बातें कर आयी हूँ
सूरज से खेल कर
हरे-हरे तोते उड़ रहे थे वहाँ भी!

समुंद्र के पास गयी थी पानी पीने
उसने नदी का मीठा पानी पिलाया मुझे
जामुन के पेड़ से जामुन तोड़कर
खिलाये थे बत्तखों को

सब याद है मुझे
रात भर घूमी हूँ मैं

वे सब वहीं हैं
मैं यहाँ इस कमरे में
यह सुबह रोज वाली
वही आसमान रोज वाला।

यात्रा

गर्भ में थी
तड़पन
बाहर आने की

बीमार भी
तड़प रहा था
जल्द
प्राण त्यागने को

दोनों ही विह्वल थे
अपनी अपनी
मुक्ति के लिए

क्योंकि
आगे की यात्रा
दोनों के लिए
अनभिज्ञ अनजानी थी

कान! तुम ही कहो

आज मुझे अच्छा लग रहा है
बहुत-बहुत अच्छा
मैंने अपने कान से बातें की
जिनसे आज तक कभी नहीं कीं

मैंने कहा–
सुनो, तुम मेरे हो
आज मेरी सुनो
दुनिया भर की सुनते हो
आज मेरी सुनो

जो मैं सुनना चाहती हूँ
वही सुना करो
सामने तरह-तरह के भोजन पड़े हों
मेरा स्वाद वही खाता है
जो खाना चाहता है
अगर कुछ और खाना पड़ भी जाये तो
दवा की तरह गटक जाता है

मेरी नाक
कचरे के ढेर से
दूर रहना जानती है

तुम क्यों कचरे का डब्बा बन बैठे हो
सुन लेते हो सब कुछ

तुम्हें मालूम है
तुम्हारा सुना–मेरी कोशिकाओं में
मेरी ग्रन्थियों में जम जाता है
फिर दुखता है
बहुत दुखता है
बार-बार दुखता है
पिघल कर बह नहीं जाता
आँसुओं के साथ भी नहीं

मत पहुँचाया करो उसे भीतर तक
प्लीज...
डरावना और वीभत्स देखकर
आँखें बन्द हो जाती हैं
अपने आप
क्या आग को उठा लेते हैं हाथ
हाथों में
फिर तुम क्यों सुन लेते हो सब कुछ

जो बोलता है
अपनी जुबान से बोलता है
अपनी बातें
अपनी मनपसन्द बातें
अपने सोच से बोलता है
ठीक है ज्यादातर बिना सोचे ही बोलता है

तुम क्यों नहीं सिर्फ वही सुनते
जो तुम्हें पसन्द है
सबका बोला सब कुछ क्यों सुन लेते हो
कहो आज तुम ही कुछ कहो
और मैं सुनूँ।

हार गयी मैं

मैं हार गयी अपने आपसे
चित में भी हार
पट में भी हार

अपने आपसे हारना
इतना आसान नहीं
रेशे-रेशे उधेड़ने होते हैं

एक ऊन का गोला लेकर बैठना दिन भर
उसे खोलना
फिर बनाना
फिर खोलना सुलझाना
गेंद की तरह उछालना
लट्टू की तरह घुमाना
फिर गोला बनाना

यही तो कर रही थी मैं दिन भर

आजकल मेरी मुस्कुराहट

आजकल मुझे मुस्कुराने में कष्ट होता है
लगता है एक तरह का आलस
जो चेहरे की मांसपेशियों को हिलने नहीं देता

एक जैसा चेहरा
दिन-दिन भर
आँखें भी उसी के जैसी

किसी से मिलकर भी मिल नहीं पाती
बातें कर लेती हूँ
बतिया नहीं पाती
काम सारे ही कर लेती हूँ
जुड़ नहीं पाती

घूम भी आती हूँ
ठहरी हुई एक ही जगह
हँस भी लेती हूँ
बस मुस्कुरा नहीं पाती।

मेरी दीवारें

मुझे मेरे कमरे की दीवारों से
प्रेम हो गया है

बड़े मजबूत हैं दीवारों के कन्धे
सिर रख कर रोया जा सकता है
अपनी बात कही जा सकती है

ख़ूब धैर्य से सुनती हैं
बड़े सुन्दर हैं इसके कान
किसी और से कहतीं भी नहीं

मेरी बातें सिर्फ मुझसे करती हैं
मुझे अपनी जैसी लगती हैं

सँभलना सिखाती हैं
हिम्मत देती हैं

मुझे उनसे प्रेम हो गया है
बड़ी नरम और मुलायम लगती हैं मुझे
मेरी दीवारें।

मेरे विशेषण

1

मैं चुप रही
जब उसने मेरे सामने सवाल-जवाब किये
अपनी उदारता का नाम देकर

मैं चुप रही
उस समय जब मुझे बोलना चाहिए था
बदलते जमाने को देखकर

मैं वहाँ नहीं गयी
जहाँ मुझे जाना था
उसी में अपनी अक्लमन्दी समझ कर

उसके कटुवचनों को सुनकर
मैं चुप रही
अपनी सहनशीलता पर अभिमान कर

मैंने अपनी जुबान खोली
शब्दों को तोल-मोलकर दो शब्द कह भी डाले
अपनी व्यावहारिकता पर सन्तुष्ट होकर

मैंने उसे माफ किया
और चारा भी क्या था
मैंने अपनी कमजोरी को बड़प्पन का नाम दिया।

2

मैं चुप रही
अपनी कमजोरियों को
समझदारी उदारता सहिष्णुता बड़प्पन
व्यावहारिकता अक्लमन्दी
समय के साथ चलना आदि-आदि
कई विशेषणों से नवाजा

अब आप ही बतायें
जब मैं घर में चुप हूँ
तो...
परिवार पड़ोस समाज देश के लिए
कुछ भी कैसे कहूँ?

3

मैं चुप रही
ढेरों बचे शब्द कुलबुलाते हैं भीतर
मैं उन्हें उड़ा देना चाहती हूँ पक्षी बनाकर
ऐसा भी कर नहीं पाती
वे कुलबुलाते हैं भीतर

मैं उन्हें नींद की गोलियाँ खिला देती हूँ
और मैं भी सो जाती हूँ
एक गहरी नींद में
जहाँ सपने भी नहीं होते।

मेरा तकिया

मेरा तकिया
रात को सुलाता है
सुबह वही जगाता भी है

मैं उससे कह देती हूँ थपथपा कर
कल सुबह पाँच बजे
ठीक तो...
वह जवाब नहीं देता
पर पाँच बजे अपनी मूक अलार्म बजा जरूर देता है

मेरे कामों की लिस्ट
अपने लिहाफ में रखता है
सुबह उठते ही थमा देता है

जो काम मेरे दिमाग से उड़न छू हो गये हैं
जरूरी हो तो भी
वे उड़न छू हो ही जाते हैं
और दिमाग भी झुँझला कर कह देता है
मुझसे नहीं सँभलता
कितना सँभालूँ मैं
मेरा तकिया
उन्हें मेरे सिरहाने रख देता है

याद दिलाता है मेरी कुंडी खटखटा कर

पूछती हूँ उससे सुबह-सुबह
तुम्हें अच्छी नींद आयी तकिये भाई
अच्छा यह बताओ
तुम्हें कौन जगाता है
ठीक समय पर?
वह जवाब नहीं देता
गुदगुदाता है घूम घूम कर।

नया सीखा है

इस सितम्बर के महीने में
कुछ नया सीखा
मैंने रोना सीखा

अपनी बात
अपने से कह कर
जी भर कर रोया जा सकता है

न जाने कितने महीनों सालों बाद
जी भर कर रोयी हूँ मैं आज

जी भर कर रोया जा सकता है
और खाली हुआ जा सकता है

खाली
इतना खाली
कि लगे 'रोने जैसी बात भी नहीं थी'
फिर एक स्मित सी मुस्कान
चेहरे से निकल कर फैल जाती है
पूरे कमरे में

मैंने यह नया सीखा है

बसन्त

बसन्त आया है
कोयल कूकती है

मंजरियाँ फूटती हैं
कोयल कूकती है

बहुत-बहुत मंजरियाँ लदी हैं
पेड़ों पर इस साल
कोयल कूक रही है
बहुत-बहुत इस साल

बाग में चारों तरफ
मंजरियों से लदे हैं पेड़
मैं बोलती नहीं
कूकती हूँ कोयल की तरह
इस साल।

साँप-सपोले

मेरे सवाल
उन्हें साँप-सपोले लगेंगे
उनमें विष नहीं
वे तो दाना दुनका चुगते हैं

उनके जवाब
जहर उगलेगें
मालूम है मुझे

तो ऐसा करते हैं
सवालों को उनके घोंसले में रहने दें
जवाबों को उनकी बाम्बी में।

कायर जैसा कुछ

उसने अपनी इन्द्रियाँ सुला रखी है
सोचना भी बन्द कर दिया है
निर्लिप्तता का भाव को ओढ़े हुए
अपनी माँ के आदर-मान में नहीं
डर से भरा हुआ प्रेम है—मातृ-प्रेम

बोलने की आजादी को भय ने जकड़ लिया है
गृहस्थी सहज सामान्य चलती रहे की खातिर
कायर जैसा कुछ

प्रेम और डर
एक विचित्र मिश्रण
किसी शेर को देखकर आँख बन्द करने जैसा
अपने ही घर में शुतुरमुर्ग जैसा
इस सत्ता से डरता है
इस घर का कर्त्ता।

मन मदारी है

1

सिर भारी रहता है
मन भी
मन का वजन सिर पर बैठ गया है

मन दूर-दूर घूम आता है
सिर अपनी जगह गोल-गोल घूमता है
सेकेंड के काँटे की तरह

मन कभी-कभी टिक भी जाता है
दिमाग के काँटे पर

उस समय दोनों में खूब छनती है
बातें लम्बी-लम्बी

दिमाग थक जाता है
मन नहीं थकता।

2

मन मदारी है
नचाता है
हँसाता है रुलाता है
साहब को सलाम कराता है
करतब दिखाता है
एक पतली सी रेशम की डोर पर चढ़ा देता है
अपनी डुगडुगी बजाकर।

क्या ऐसा होगा

जब मेरा एक शब्द
पहुँचेगा आपके करीब
वह शब्द
कैसा होगा

उस पल मैं खड़ी रहूँ
सम्मुख आपके
मन पूछे
क्या कभी
ऐसा होगा

काबू में न रख पाऊँगी
मन को अपने
आँखों से
नीर
बहता होगा!

अगर धड़कन बन्द हो जाये
उस वक्त
हर शब्द का
क्या अनोखा मतलब होगा!

दो लोग

दो लोगों के बीच
कभी-कभी एक पहाड़ खड़ा हो जाता है

दो लोगों के बीच
कभी-कभी एक नदी बहती है

दो लोग
कभी-कभी दो लोग नहीं रहते।

तर्क के साथ प्रेम नहीं रह सकता

तर्क के साथ प्रेम नहीं रह सकता
प्रेम में
दिमाग का दरवाजा बन्द करके
मन की सिर्फ सुनी जाती है

लेकिन बन्धु
दिमाग बीच-बीच में उछलने लगता है
और मन कहने लगता है
दिमाग से काम लो
मैं कभी-कभी बहक जाता हूँ
उस समय यही सँभालता है
इसकी सुनो

वह अपनी कमजोरियों से डर
गायब हो जाता है
दिमाग के सातों घोड़े दौड़ने लगते हैं

इस समय
प्रेम हार जाता है।

देखा है

उसने मुझे उपहार में
हवाई जहाज देने को कहा

वह पैदल चलता है
उसने मेरा मन देखा है।

कुछ और छोटी कविताएँ

तस्वीर-1

ढेर सारी तस्वीरें हैं मेरी
बची रहेगी एक
दीवार पर टँग कर
कुछ दिन।

तस्वीर-2

कुछ तस्वीर
रंगीन हो या ब्लैक एंड व्हाइट
कभी धुँधली नहीं पड़ते
आँखों की रोशनी कम हो जाये तो भी।

सब-कुछ

हमें 'सब-कुछ' मिल जाता है
फिर भी
'कुछ' बाकी रह जाता है

हम 'सब' को भूलकर
'कुछ' को याद रखते हैं

जीवन भर।

अपेक्षा और उपेक्षा

मैं अपने से कुछ अपेक्षाएँ रखती हूँ

एक असाधारण औरत वाली
जिसमें सब सही हो
और मैं खुश

एक सच और भी है
अनजाने में
कभी-कभी जानबूझकर
मैं उनकी खूब उपेक्षा करती हूँ।

अनुभव अनुभूति

अनुभव के पास शब्द होते हैं
अनुभव बोलते हैं
अनुभूति चुप कर देती है

वह अनुभव से
बहुत
बहुत आगे की चीज है

अब आप ही बतायें
अनुभूति को कहूँ कैसे
लिखूँ कैसे?

सुनती हूँ मैं

मेरा एक कान
खिड़की के बाहर टँगा है

उससे सुनती हूँ चिड़ियों की बातें

दूसरे कान से कमरे की आवाज़ें
जहाँ सिर्फ शोरगुल है।

मन की बात

उनके पास आकाश है
आकाश के तारे उनके शब्द
उन्हीं से कर रहे हैं बातें चुपचाप

तारे पहुँचा रहे हैं
एक-दूसरे के मन की बात
उनके पास।

हक

मैं उन पर अपना हक जतलाती हूँ
बन्धु!
यह हक जतलाने वाली 'क्रिया' का हक
उन्हीं का दिया हुआ है।

डर

मैं डरती हूँ

मुझे इस डर को छोड़ने में भी
डर लगता है।

सहना

रोज रोज
बार-बार
वार पर वार
वह सहती है
जिन्हें धरती भी सह नहीं पाती
फट जाती है

स्त्री उसकी गोद में
सहेज कर रख देती है
अपना कोमल मन
और जिन्दा रहती है
अपने शरीर के साथ।

तरकश और तीर

तरकश से तीर निकलता है
न जाने तरकश पर क्या बीतती है

हाँ तीर जहाँ लगता है
बहुत चुभता है।

सुबह

सबकी अपनी-अपनी सुबह
एक सुबह तीन बजे हो जाती है
सूरज सोया और रात जाग रही होती है

साहबजादों की सुबह बारह बजे होती है
रात-पाली वालों की ड्यूटी ही उनकी सुबह होती है
किसी की सुबह गरम प्याली चाय के साथ
कहीं हर-हर गंगे के साथ
कहीं ठंडे-ठंडे पानी में नहाना चाहिए के साथ

एक ही जगह
एक सुबह झाड़ू-फटके लगा रही है
एक सुबह उबटन मल रही है
एक सुबह बोझा ढो रही है
एक सुबह जिम जा रही है
एक सुबह के हाथ में हॉरलिक्स का मग है
एक सुबह के पास जूठी चाय की प्यालियाँ

उनकी सुबह कबूतरों के साथ
एक सुबह दाना डाला नहीं
तकते-तकते कबूतर उड़ गये
सुबह हुई ही नहीं।

जीवन के लिए

यह सही है
चार दीवारों से घर नहीं बनता

लेकिन
चार दीवार के बिना पूरी पृथ्वी पर
एक भी ठौर नहीं मिलता

एक छत के लिए
झुक जाती है कमर
स्वप्निल हवा बहती है
चार दीवारों के भीतर

छत्त बिना
आसमान पर टिमटिमाते तारे
खो जाते हैं
आसमान में ही सारे के सारे

तिनका-तिनका जोड़
नन्हीं सी गौरैया बनाती है घोंसला अपना
चार दीवारों के किसी जोड़ पर

उड़ते पक्षी भी
कहीं न कहीं बना लेते हैं अपना घर

चार दीवारों और एक छत से घर हो न हो
एक ठिकाना हो जाता है
जीवन के लिए।

यही है हरा-भरा संसार

एक हरी मिर्च
एक टुकड़ा प्याज
एक चुटकी नमक
और हाथों की महक लिए
खनकती दो मोटी-मोटी रोटी

यही है
हरा-भरा संसार।

डाकिया

हाथ में
दो-चार चिट्ठियाँ लिए
गली में चला आ रहा है

वह नहीं चल रहा है
चिट्ठियाँ चल रही हैं

लौटते वक्त दिख जाता है उसे
सड़क के किनारे एक बड़ा सा मिट्टी का घड़ा
लाल कपड़े से लिपटा हुआ
लटक रहा है एक छोटा सा मग
जंजीर से बँधा हुआ

वह गट-गट दो मग पानी पीता है
मुँह पर छींटें मारता है
उड़ने लगती हैं चिट्ठियाँ
उड़ती लू के साथ
अपने ठिकानों पर।

कुली

आजकल
स्टेशन पर
कुली कम दिखते हैं
छोटी-बड़ी पेटियों में
चक्के जो लग गये हैं

वही चक्के
कुलियों को भी लग गये हैं
वे चले गये हैं
किसी दूसरे ही स्टेशन पर।

अंकुर वाट

1

वहाँ ब्रह्मा हैं
विष्णु हैं
महेश हैं
उनकी बहुत सी कहानियाँ हैं

भारत अमेरिका चीन जापान कोरिया
पूरे संसार की नजरें हैं
कम्बोडिया के अंकुर वाट को सुरक्षित रखने में

पूरे संसार के लोग हैं
मिथक कथाएँ हैं
रहबर हैं
उनकी जुबान है
हमारी समझ है
जो पत्थरों को आकार दे रही है

बुद्ध की मूर्तियाँ हैं
कुछ मूर्तियाँ ध्यान मग्न हैं
बौद्ध गया के मुंचलिंदे सरोवर जैसी
निर्वाण के बाद मुंचलिंदे सर्प ने बरसात

आँधी से बचा रखा है उन्हें लपेटकर
और अपनी छतरी तान कर

कुछ मूर्तियों के विशाल धड़ खड़े हैं
सिर चोरी चले गये
धड़ ले जाना सम्भव नहीं था
उनकी कीमत चोर बाजार में नहीं थी

हिन्दू और बौद्ध धर्म साथ-साथ
हिन्दू धर्म पत्थरों में
बौद्ध धर्म लोक में

पीले पत्थर
चिकने चमकते पत्थर
चारों तरफ झील
झील में चमकता पूरा का पूरा अंकुर वाट
अपनी पूरी गरिमा के साथ
पत्थर अपना रंग बदलते हैं
सूर्य की चाल के साथ
सुबह का सूरज उन्हें सुनहरा कर देता है
दोपहर का तांबई
शाम का लाल

वह सब रंगों में सजता-सँवरता है चुपचाप

हजारों लोग कैमरा लिए पहुँच गये थे झील पर
बिहान होने से पहले
सुनहरे पत्थरों की दमक के साथ
वहाँ भोर का मेला लगा था

2

पत्थरों पर आँके गये है तीनों लोक
स्वर्गलोक में देवता हैं, इन्द्र हैं, अप्सराएँ हैं
पृथ्वीलोक में राजा हैं, दरबार हैं
लोग हैं उनके कर्म हैं
नर्कलोक में यातनाएँ हैं
दुष्कर्मों का फल है
गर्म तेल की कड़ाहियाँ
जलते हुए लोहे के सींकचे
त्राहि-त्राहि की आवाजें हैं

लोगों के सामने
स्वर्गलोक में राजा था
ऐशो-आराम था
ऐश्वर्य था उसका उपभोग था
राजा के सपने थे
उसके वंश का नाम था
महिमा गान था
स्वप्न और यश की ख़ातिर मन्दिर का निर्माण था

पृथ्वीलोक में
बादल थे, धरती थी, हरियाली थी, धान था
खदानें थीं, रत्न थे
संचय था लोभ था
शासन था
यह लोक भी उनका नहीं था

वे नर्कलोक में थे
जहाँ भूख थी
सिकुड़ती अंतड़ियाँ थीं

चिलचिलाती धूप में पत्थर ढोते, तराशते
उनका परिश्रम था
और था उनका डर

3

मन्दिर की तीन मंजिलें हैं
स्वर्गलोक के लिए बहुत सी सीढ़ियाँ
स्वर्गलोक देख आने की सीढ़ियाँ
वहाँ खड़े होकर आसमान हरा लगता है
पृथ्वी लाल

वहाँ समुंद्र मन्थन की कथा प्रमुख है
जिसमें साँप का मुँह पकड़े देवता
पूंछ पकड़े दानव, आकार में देवताओं से दुगने
फिर भी अमृत देवताओं को पाना था भोगना था
लोगों के साथ भी यही हो रहा था
बनवाने वाले का नाम सदियों बाद भी चमक रहा है
बनाने वालों का नाम कहीं नहीं है

उनके ही हाथों ने तराशा है
शेषनाग पर विष्णु सोये हैं
चरण दबा रही हैं लक्ष्मी
उनके सामने राजा कुंडली मार कर बैठा है
लक्ष्मी के सिंहासन पर
पत्थरों की रगड़ से जब आग जलती थी
तभी उस पर उनकी भात की हांडी चढ़ती थी
और राजा के मुकुट की मणि चमकती थी

वे वही आँक रहे थे
जो और जिस तरह राजा मन्त्री सन्तरी, पंडित, राजगुरुओं ने

आँकने को कहा
वहाँ हनुमान हैं
जिनका विवाह मत्स्य कन्या के साथ हुआ
वहाँ हनुमान ब्रह्मचारी नहीं हैं
अपने-अपने स्थान के अपने-अपने हुनमान

वहाँ रामायण है
महाभारत है
बाली-सुग्रीव का युद्ध है
पेड़ के पीछे छिपे राम-लक्ष्मण हैं
शूर्पनखा है
गरुड़ है
युद्ध है
अस्त्र-शस्त्र, हाथी-घोड़े हैं सेना है
राजा का गौरव है

वे नहीं थे वाल्मीकि
नहीं थे व्यास
वहाँ गीता का ज्ञान नहीं था
उनकी नियति थी
उनका सिर्फ कर्म था
बिना फल की इच्छा वाला कर्म
जीवन जीना था
जीवन की सीख थी

उनकी पीढ़ियाँ
पीढ़ियों की पीढ़ियाँ
घिसी-पिसी थीं इन पत्थरों में
धूप-पसीने में उनकी चमचमाती देह
उनके वंश का नाम कहीं नहीं है

वे मजदूर
दास
कारीगर
कलाकार
तपस्वी
साधक
विश्वकर्मा
या थे पारस पत्थर
जो पत्थरों को देवता बना देते थे।

समुंद्र मन्थन

समुंद्र मन्थन में
देवताओं को अमृत मिला
छल से

मन्थन में एक छोर पर देवता
दूसरी तरफ दैत्य
उस समय भी
छल जीत गया
बल हार गया

आज बली छली सब एक छोर पर
दूसरा छोर दिखाई नहीं देता
अमृत कलश कौन ले उड़ेगा
विष पान कौन करेगा
किसी को पता नहीं

दोनों में है गहरा भाईचारा
अमृत विष घोट कर पी जायें
पचा जायें
मिलजुल कर।

बड़ों की खड़ाऊँ

बड़ों का सिर पर हाथ हो
बहुत कुछ सँभल जाता है
अपने आप

बड़ों की खड़ाऊँ
सँभाल लेती है राज-पाट।

होड़

दौड़ रहे हैं सभी
होड़ सामने है खड़ी
कुछ आगे निकल गये
कुछ पीछे छूट गये

जो आगे निकल गये
उनकी होड़ और बड़ी हो गयी
जो जितना दौड़ रहा है
होड़ उन्हें ज्यादा
ज्यादा और ज्यादा
दौड़ा रही है

होड़ उनसे करवा रही है
बहुत बहुत और बहुत कुछ

होड़ में उनकी दूरी उतनी ही है
जितनी शुरुआती दौड़ में थी
इसमें कोई जीतता नहीं
न कछुआ न खरगोश।

रैली में

वहाँ पर तिल रखने की जगह नहीं थी
वहाँ और और और लोग आते जा रहे थे
समाते जा रहे थे

थोड़ा सा सरक सरकाव
फिर सबके लिए जगह तैयार

एक सैलाब
सिर ही सिर
देह से देह सटी हुई
रंगों पर रंग चढ़े हुए

पीछे से धक्के आ रहे थे
लोग धक्के खा रहे थे
धक्कों का झगड़ा
झगड़े से पहले ही समझौता
झगड़ों से पहले झगड़े खत्म

समुंद्र की तरह
भीड़ के पास बहुत बहुत जगह होती है
सब कुछ समो लेने के लिए।

अपनी गली की दुनिया

शहर की
गाँव की
कस्बे की
छोटी-बड़ी
हर एक गली में
एक पूरी की पूरी विशाल गोल पृथ्वी है

हर गली की अपनी एक पहचान
हर पहचान एक-दूसरे से मिली हुई

एक-एक गली के अपने-अपने नाम
अपने-अपने धाम
अपनी-अपनी कहानी
अपनी-अपनी ज़ुबानी

सबकी अपनी-अपनी अलग-अलग नजर

उसका इतिहास भी समझा जाता है
अपनी-अपनी समझ से

लेकिन बन्धु!
मैंने पाया
किसी गली से जब अपनापा हो जाता है
उसका इतिहास, भूगोल, रूप-रंग सब बदल जाता है
नाम बोलने का अन्दाज भी।

198 बी बी गांगुली स्ट्रीट

उसके पास
अपना पता है
198 बी बी गांगुली स्ट्रीट

वहाँ अब डाकिया नहीं आता
कोई पता ढूँढने नहीं आता
कोई पता जानने नहीं आता
कोई नहीं आता

सामने सड़क वैसे ही भाग रही है
गाड़ी, रिक्शा, साइकिल, ठेला, ट्राम-बस
वैसे के वैसे
कोई भीतर देखता भी है तो न देखने जैसा
सब अपने में ही भाग रहे हैं

एक दीवार जैसी से घिरी है
खाली-खाली जमीन
दायाँ-बायाँ भरा है जस का तस
बरसात में टर्र-टर्र की आवाजें आती हैं
उछल-कूद मचा रहे हैं वे सब
जो वहाँ के वासी नहीं हैं

तार के झुंड लटक रहे हैं इधर-उधर
एक सौ पावर का बल्ब भी टँगा है
जो जलता रहता है लगातार चौबीसों घंटे

जमीन बंजर नहीं
उग आये हैं झाड़-झंखाड़

नींव की ईंट दबी है नीचे
ऊपर ढहा पड़ा है आशियाना हमारा
पाँच नामों के साथ

एक नींव डाली गयी थी
एक घर बना था
तीन भाई, दो बहनों, माँ-बाप वाला
माँ-बाप के पते बदल गये
भाई-बहन अपने नये ठिकानों पर चले गये
अपने-अपने आशियाने के साथ

बगल वाले करीम चाचा कहते हैं
यह भी बिक गयी
देखो भाई! आगे क्या होता है

मैं भी कहती हूँ
देखें चचा, आगे क्या होता है
कोई नया मकान
कोई नयी दुकान
कोई नया मल्टीप्लेक्स बाजार
मैं जानती हूँ
नहीं बनेगा अब कोई 'आशियाना प्यारा'
कट जायेगा यह पेड़ कटहल का
नहीं बनेगा फिर कोई घोंसला प्यारा-न्यारा

अब सम्बन्धों के बदले
धन्धों को जियेंगे लोग
घूमेंगे असली नहीं
नकली घोंसलों के खरीददार

198 बी.बी. गांगुली स्ट्रीट
एक नये नाम के साथ होगा
कुछ दिनों के बाद।

आवाजें

घर के अन्दर
आवाजें बना लेती हैं अपनी जगहें
हर छोटे बड़े कोने में

बैठ जाती हैं कुर्सी और पलँग पर
टँग जाती हैं पर्दों संग
घुल जाती हैं हवाओं में

जब घर में कोई नहीं होता
वे जोर जोर से बातें करने लगती हैं
फैल जाती हैं पूरे घर में

लेकिन जब बहुत समय के लिए
और आवाजें आकर नहीं जुड़तीं उनसे
वे अपने आप को बचा नहीं पाती
खत्म हो जाती हैं

फिर भूतों का कलरव
सन्नाटों के सरगम के साथ
गूँजने लगता है
पूरे घर में
सभी दिशाओं में।

नींद और सपने

मन में उमड़ती घुमड़ती हैं
बहुत सारी बातें एक साथ
तो शब्द
बादलों में छिपे तारे बन जाते हैं

उत्तेजनाएँ भीतर लहकने लगती हैं
चेहरे पर चमकने लगती हैं
अबोली हो जाती हैं
नींद दूर जाकर सो जाती है

कविता पास आती है
धीरे-धीरे
कि उसकी आहट भी सुनाई नहीं देती

कविता पास आती है
नींद और दूर चली जाती है

ऐसे में कविता
एक सपना बन जाती है
तारों के साथ चमकती है

नींद दूर खड़ी
उस सपने को निहारती रहती है।

इस तरह

सिद्धार्थ ने
सड़क पर अर्थी देखकर
घर छोड़ दिया
मैंने देखा है उन्हें
प्राण छूटने के बाद
घर छोड़ते हुए

मुझे पता नहीं था
बॉडी कैसे जायेगी
क्या स्ट्रेचर आयेगा?
चादर जिस पर सोयी थी वो
बिस्तर की सफेद चादर
चार लोगों ने उसे चार कोनों से पकड़ा
हर कहो जी...हर कहो...कहते हुए ले गये

शरीर कष्टों से बाहर था इसलिए
शरीर से वह बाहर थी इसलिए
इस तरह चली गयी

अब मैं हूँ इस घर की मालकिन
तिनका-तिनका जोड़कर बनाये घर से

घर की मालकिन चली जाती है
इस तरह

उसे फूलों से सजाया भी जाता है
घर के बाहर
उनके साथ जाता है
सिर्फ तुलसी का एक बिरवा।

जिस समय साँस निकलती है

जिस समय साँस निकलती है
नाम भी फुर्र से उड़ जाता है

सुनने में आता है
'बॉडी' कितने बजे उठायेंगे
'बॉडी' के चारों तरफ बरफ रख दो
'बॉडी' अकड़ जायेगी
फूल जायेगी
अर्थी को गंगा में नहलाना है
अर्थी को सजाना है
वगैरह...वगैरह...

बाद में वही नाम दूर तक चलता है
जैसे कि
फलाँ ऐसा था

फलाँ ये करता था
फलाँ को यह पसन्द था
अगर फलाँ होता तो ऐसा होता
या ऐसा नहीं होता

हमने फलाँ से ये सब सीखा है
फलाँ की याद में यह करना है
यह नहीं करना है
फलाँ...फलाँ...फलाँ...

जीवन चलता रहता है

आत्मा शरीर छोड़ देती है
मर जाते हैं हम
और शरीर भी

आत्मा मर जाती है
शरीर नहीं मरता
आत्मा के मरने से बेखबर
जिन्दा रहते हैं हम
साँस चलती रहती है

जब मन मर जाता है
हम जी लेते हैं
दस बीस पचास बरस
यन्त्रवत

कई बार आत्मा
उचक-उचक कर

जीने की कोशिश करती है
हम उसे बार-बार
मार देते हैं
स्वार्थवश

बार-बार मन मरता है
जीवन चलता रहता है।

उनके जाने के बाद

उनके जाने के बाद
बहुत सी जगह खाली हो गयी

जो जगह उनकी थी
उसके अतिरिक्त
इधर-उधर पड़ी थी
उनकी बहुत सी जगह
दिखलाई पड़ी
उनके जाने के बाद

सन्नाटों में भी कुछ आवाजें थीं
जो कम हो गयीं
सन्नाटों की आवाजें बढ़ गयीं
उनके जाने के बाद

उनका न बोलना अब समझ में आता है
उनका बोला हुआ भी
अब समझ में आता है
सुबह नल की सबसे पहली आवाज
शाम के कूकर की पहली सीटी
अब चुप है
वह किस किस आवाज में थी

यह भी मालूम हुआ
उनके जाने के बाद

रसोई से
उनका पानी का लोटा गुम है
तनी पर सूखते कपड़ों में
सफेद रंग कम है
लगातार हाथ में घूमती माला
बैठी है चुपचाप
सब चीजें कहाँ थीं
मालूम हुई उनके जाने के बाद
वह खाली जगह भर जायेगी
खाली हुआ समय भी भर जायेगा
समय के साथ

वह पूजा की घंटी में थी
तुलसी के साथ भोग की थाली में थी
अनुशासन में थी
आश्वासन में थी
मंजूरी में थी
नामंजूरी में थी
तौर-तरीकों नियमों में थी
आज्ञा में थी
अन्दर पनपती उन आज्ञाओं की अवज्ञाओं में थी
बड़े-बड़े फैसलों
छोटी-छोटी बातों में थी
वह अपने कमरे में रहती थी
वह हर जगह थी
यह सब मालूम हुआ
उनके जाने के बाद

उनका खाली कमरा
उनके नाम से ही रहेगा कुछ समय तक
फिर एक नये नाम के साथ रहेगा
उसी जगह।

सुख-दुख

जीवन में
दो भावनाएँ चलती रहती हैं साथ-साथ
खुशी गंगा की तरह
पीड़ा मूक नीचे बहती सरस्वती की तरह

बाजार में ऐसा तराजू भी नहीं
जो इस पलड़े की भावना उस पलड़े पर
और उस पलड़े की इस पलड़े पर रखकर
दोनों पलड़ों को बराबर कर दे

ऐसा खाता भी नहीं
जो कर दे
दस अंक दुख
पाँच अंक सुख
और ये लो जी अब आपके हिस्से बचा
मात्र पाँच अंक दुख

सुख-दुख
अलग-अलग कटोरे में
लबालब भरे हैं
ढुलकने को तैयार।

कुछ भी छोटा नहीं होता

छोटी-छोटी खुशियाँ
मन के छोटे-छोटे कोने को झंकृत कर देती हैं
जैसे बादलों से ढकी पहाड़ी पर
छोटे से मन्दिर की घंटियाँ बजती हैं

एक छोटे से एसएमएस से
खिलती है वह मुस्कान
जैसे अमावस्या के बाद नया चाँद

एक छोटे से ख्वाब के पूरा होते ही
नाच उठता है मन-मयूर
एक नन्हा-सा पंख
भुआ की तरह उड़ता हुआ आता है
और बजने लगती है राग लतरानी

एक छोटी सी भूल
बन जाती है पहाड़
जिसे आकाश भी ढक नहीं पाता

छोटी-छोटी रंजिशें
न पटने वाली दूरियाँ
दो लोगों के दरमियान

छोटी सी चाहत
होती है दिल के बहुत-बहुत करीब
झाँकती रहती है आईने से
बार-बार

एक छोटे से पल की याद
बन जाती है पतवार
पूरी जिन्दगी को खेने के लिए

एक छोटा सा कुछ पलों का इन्तजार
भुला देता है घड़ी की चाल
एक छोटा सा पौधा प्रेम का पनपता है
हरी-भरी हो उठती है पूरी पृथ्वी।

मुझे पता था

वह सुन्दर है
आज बहुत सुन्दर लग रही है
इस साड़ी में

पीली साड़ी नीला बॉर्डर
वाह!
मैंने उपहार में दी है

मुझे मालूम था
इसमें वह ऐसी ही लगेगी
उसे भी
हमेशा की तरह
मालूम था सब कुछ।

नानी की कहानी

मेरी बेटी बता रही है
अपनी बेटी की नौटंकियाँ

'अभी बारह बरस की हुई है
कोई बात नहीं सुनती
आसूँ हथेलियों पर
जब चाहे टपका देती है।'

हँस पड़ती हूँ मैं

'अच्छा ऐसा करती है
तुम भी एकदम ऐसी ही थीं
छोटी-छोटी बात पर ढाई मन का मुँह सुजाना
रंग-बिरंगे रोज के नाटक
नयी-नयी कहानियाँ
तुम्हारे सॉरी मॉम लिखे कार्ड
और छोटी-छोटी कई चिट्ठियाँ हैं
आज मेरी धरोहर
देखोगी?'

मेरी बेटी नहीं समझ पा रही है
नानी समझ रही है

माँ को
और माँ की बेटी को भी

एक दिन माँ नानी बनेगी
और बेटी भी
और हँसेगी मेरी तरह।

लोहे की ट्रंक

1

साल भर बाद आज दिवाली पर खोल रही हूँ
बड़ी सी लोहे की ट्रंक

सभी हँस रहे हैं
लो आज भानुमति का पिटारा खुला है
सचमुच

सलोनी हिमानी रिद्धि तीनों की तीनों
बैठ गयी हैं
इस पिटारे को घेर कर

रिद्धि पूछती है
नानी 'ये गुलाबी फ्रॉक...'
अरे वाह! मैचिंग के जूते और टोपी भी है
किसकी है, मेरी है?

अरे नहीं!
यह तुम्हारी मम्मी का जामना* है

---

*जामना : बच्चे को पहली बार पहनाया जाने वाला नया कपड़ा

उसकी नानी ने भिजवाया था
पहली बार नहला कर नये कपड़े पहनाये गये थे

बहुत प्यारी लगी थी गुड़िया सी
काजल की टिक्की दोनों हथेलियों पर
और पगथली पर
काजल का चाँद माथे पर
वह कजलोटिया* भी पड़ा होगा इसी ट्रंक में
कहीं नीचे कोने-अँतरे में

मैंने भी बनवायी थी सुन्दर सी गुलाबी फ्रॉक तुम्हारे लिए
तुम्हारी मम्मी ने सँभालकर रखा होगा
तुम्हारा जामना

'नानी! और तुम्हारा जामना?
वह भी रक्खा होगा तुम्हारी मम्मी ने?'
मेरा जामना भी पड़ा होगा उस घर में
जो बरसों से बन्द है।

2

ट्रंक में पड़ी है एक छोटी सी पोटली
छूते ही
बिना खोले
खनकने लगती है

उस पोटली में हैं ग्यारह चाँदी के सिक्के
रूमाल से भी छोटे से टुकड़े में बँधे हुए

---

*कजलोटिया : काजल बनाने वाला पात्र

यह मेरी माँ की साड़ी का टुकड़ा है
पतला सा कोटे का

माँ के पल्लू में
रेजगी बँधी होती थी
दो गाँठ मार कर
हम बहनें मनाकर फुसला कर
खुलवाते थे वह गाँठ
अब पोटली को छूते ही
जीभ पर
उस रेजगी से लाकर
खाई चीजों का स्वाद आने लगता है

पोटली जस की तस ट्रंक में रख देती हूँ
कपड़े का रंग फीका पड़ता जाता है
और मोह बढ़ता जाता है।

3

'दादी ये लहँगा'
हिमानी कहती है
'मैं पहनूँगी बड़ी होकर
तुम्हारी शादी का लहँगा'
इसके साथ शुरू होते हैं ढेरों सवाल
जिनके जवाब हैं मेरे पास
बस मैं ही नहीं हूँ वहाँ उस समय
सवाल-जवाब बज रहे हैं कानों में
मैं हूँ बहुत-बहुत पीछे

माँ की पृथ्वी पर
एक दूसरी सदी में।

कलकत्ते में राजस्थान

माँ-1

माँ खाली समय में
रूई से दिये में जलाने की बत्ती बनाती थी
चुटकी में चूल्हे की राख लगाकर
लम्बे-लम्बे रूई के तार निकालती थी

माँ की अँगुली राख लेकर
चरखे की तरह चलती थी
गुनगुनाहट के साथ मोती पिरोते हुए।

माँ-2

गले में दर्द होता था
माँ एक चुटकी राख लेकर
गले में मसल देती थी

अब न मेरी माँ है
न चूल्हा न राख
मैं अपनी बेटी को
डाक्टर के पास लेकर जाती हूँ।

ताऊजी-1

घर में सिगड़ी नहीं है
राख भी नहीं

ताऊजी आयेंगे राजस्थान से
नौकर को धोबी के यहाँ दौड़ाया जा रहा है
राख लाने

आज भी वे साबुन के धुले बर्तन में
खाना नहीं खाते।

ताऊजी-2

उन्हें कलकत्ता अच्छा लगता है
यहाँ गंगा है
गंगा की चिकनी मिट्टी है
हाथ धोने को

गंगा से मिट्टी आती थी
कुटाई छनाई होती थी
हम सब उसी से हाथ धोते थे

ताऊजी आने वाले हैं
उनके लिए मिट्टी की तैयारी हो रही है
पूरे शोर-शराबे के साथ
भाग-दौड़ मची है

छोटे भैया कह रहे हैं
सभी पाइप जाम हो जायेगी
पिछली बार की तरह।

क्या इस पन्ने को जला दूँ

सफेद फ्रॉक
लाल बटन
लाल बेल्ट
दो चोटी उसमें लाल रिबन
पॉकेट, पॉकेट में चमचमाती मेरी कलम
मैं अपनी कक्षा में
कक्षा में सभी लड़कियाँ

मेरे पैर में मोजा जूता नहीं
सफेद मोजे-काले जूते बिना
ऐसे ही चली आयी

यही
ठीक यही तो सपना देखती थी मैं
अपने कॉलेज के दिनों में
कितनी-कितनी बार
देखा है इस तरह यह सपना
शर्म से नहाई हुई
करेंट का झटका लगा हो जैसे
अपने को पूरी की पूरी चादर में लपेटती हुई
उठ बैठती थी

इसका जवाब किसी फ्रायड के पास नहीं मिला
लाइब्रेरी छान मारी थी मैंने

आज इतने सालों बाद
फिर सोच रही हूँ उसके बारे में
कभी किसी से शेयर भी नहीं किया
कौन था जिससे शेयर करती
घर की लाड़ली बेटी
समय पर ठीक से तैयार होकर स्कूल जाती
अपनी दोनों छोटी बहनों को भी तैयार करके साथ ले जाती
फिर भी यह सपना?
सोचती हूँ
क्या अन्दर कोई असुरक्षा की भावना दबी थी
क्या अब भी है वह अन्दर
बचपन का बीज
अब वह सपना नहीं आता
फिर भी

अभी बड़ी दीदी ने कहा
उसे लिखकर जला दो
निकाल फेंको अपने जीवन से
खत्म कर दो
क्या इस पन्ने को जला दूँ?

प्रिय पाठक
इसे आप सब तक पहुँचा रही हूँ
आप अपनी राय दें
जरूर दें...जरूर।

उसके अन्दर ही

एक औरत पीती रहती है हलाहल
वह मीरा नहीं
विष अमृत हो जाये

बहुत गहरे घूँट लेती है
गटकती है भीतर
पचाती है भीतर

नहीं वह नीली नहीं पड़ती
यह विष उसकी आदत में समा गया होगा

कभी-कभी
मिल जाती हैं दो बूँदें अमृत की भी

समुंद्र जैसी वह
अमृत-विष भरी
भीतर से एकदम सम-शान्त
अपनी उन दो बूँदों के साथ

उसके अन्दर ही बनते हैं दो मोती बसरा* के।

---

*बसरा के मोती विश्व प्रसिद्ध हैं

बाणों की शय्या पर

न कोई भीष्म प्रतिज्ञा
न कोई वरदान
न कोई इच्छा
न कोई इन्तजार

सूर्य उत्तरायण में
या कि दक्षिणायन में

चाँद की चाँदनी फैली हो
या हो अमावस्या की रात
उसे क्या फर्क पड़ता है

वह सोती है
रोज ही
बाणों की शय्या पर।

गाँव और शहर

1

गाँव की बोली
शहर आकर
शहरी हो जाती है

शहर की बोली
गाँव जाती है
गाँव की बोली को शहरी कर देती है

इस आवाजाही में
बदलती है सिर्फ
गाँव की बोली।

2

बड़े-बड़े शहर
और बड़े हो रहे हैं
छोटे-छोटे गाँव और छोटे

शहर फैल रहे हैं
गाँव सिकुड़ रहे हैं।

3

गाँव के खेतों में हैं
बहुत-बहुत फल फूल सब्जी अनाज
शहर के बाजार में हैं
घर में हैं
कोल्ड स्टोरेज में हैं
गोदामों में हैं
बहुत-बहुत फल फूल सब्जी अनाज

शहर सबसे बड़ा खरीददार है
खरीदते-खरीदते
एक दिन खरीद लेता है
गाँव को भी।

शहर में पेड़

1

पेड़ शहर को
रंग देना चाहते हैं हरे रंगों से

हल्की गहरी चमकीली मुलायम कँटीली नुकीली छोटी बड़ी
सभी पत्तियों पर
शहर चढ़ा देता है
धूल की एक मोटी काली परत
एक मोटा काल्छा रंग
ढक लेता है हरे रंगों को

बरसो...बरसो...बरसो
ऐ बादल बरसो
मेरे लिए न सही
मौसम के लिए न सही
इन पेड़ों के लिए बरसो
इन पत्तियों के लिए बरसो
खूब बरसो
ऐ बादल बरसो!

धुल जायें पृथ्वी के सारे पत्ते

हरे रंगों से फिर एकबार
सज जाये सारा शहर
सारी दुनिया।

2

रात बारिश हुई
शहर की सुबह हरी-हरी हो गयी

3

शहर में
अभी भी बचे हैं
चिड़ियों के घर

कहीं कहीं से छनकर आती है
चीं...चीं...चूँ...चूँ...टीं...टीं की आवाज
शहर अभी जिन्दा है

पेड़ अभी जिन्दा हैं।

4

पेड़ शहर को बचाना चाहते हैं
शहर पेड़ को

शहर पेड़ को घर में लाते हैं
रंग-बिरंगे फूलों के साथ
छत पर
बालकनी में

खिड़की पर
बरामदे में

लौकी बैंगन गोभी टमाटर
लाल पीली हरी मिर्च के साथ
बरगद पीपल भी आ बैठते हैं वहीं

शहर पेड़ों के लिए जगह बनाते हैं
अपने घरों के जंगल में।

5

शहर भागता है
फेफड़े पर जमती जाती है काली परत

शहर हाँफता है

पेड़ शहर को पंखा झलते हैं
शहर पेड़ की गोद में
तनिक सा सुस्ताता है
फिर झट से उठ कर भागता है।

6

शहर के
इन पेड़ों पर
शहर की छाया एकदम नहीं

हर एक पत्ती
साफ चमकीली हरी-भरी धुली-धुली

ये होटल की लॉबी में
एयरपोर्ट की बिल्डिंगों में
मॉल में
बड़े-बड़े अपार्टमेंट्स में रहते हैं

इनके साँस लेने-छोड़ने से कोई फर्क नहीं पड़ता
हवा भी गोल-गोल घूमती है
वहीं की वहीं

इनके लिए
सूरज निऑन लाइट है
ये नहीं जानते ओस की बूँदें
चाँदनी रातें
सूरज का हँसना
आसमान का रोना
किसी का घर बसना
नहीं दे सकते किसी को विश्राम

ये शहर के घोंसलों में रहते हैं
इन पर कोई घोंसला नहीं बनता
कोई कौवा आकर नहीं बैठता

ये पेड़ शहर की संस्कृति के लिए जिन्दा हैं।

7

पेड़ जगमगा रहे हैं
बिजली के तारों से लिपटे हुए

एक पल में बदलते हैं सैकड़ों रूप

मायावी वृक्ष की तरह
जंगल से आकार दानवी प्रकाश में
क्या चौंधिया जाती हैं इनकी आँखें
कैसा महसूसते हो
मैं पूछती हूँ

वे कहते हैं
हमें रोशनी में नींद नहीं आती
तुम्हारी तरह।

8

शहर में
असली पेड़ नकली दिखते हैं
नकली पेड़ असली

उन्हें छूकर ही जान सकते हैं
उनकी असलियत
शहर की तरह।

9

शहर के किस्से सुरक्षित हैं
बुज़ुर्ग पेड़ के पास

उसने देखा है
शहर को धीरे-धीरे बसते हुए
बढ़ते हुए
बदलते हुए

जब शहर छोटा सा था
लोगों के पास समय था
मेरे पास बैठकर किस्सागोई होती थी
लोग मुझे कहानी सुनाते थे
सुनते थे
पौराणिक कहानियाँ, गप्प, चन्दा मामा के किस्से
अलाय बलाय
पर बहुत अपनेपन से
मैं भी ध्यान से सुनता था
मुझे सुनना बहुत अच्छा लगता था

यही आकाश
बड़ा सा दिखता था उस समय
अब शहर आसमान से बड़ा दिखता है
तब थोड़े ज्यादा चमकते थे तारे
अब हवा बदल गयी है
चिड़ियों ने अपना रुख नहीं बदला
उनके परों के रंग बदल गये हैं

वही चिड़िया
वही गिलहरियाँ
वैसे ही बीज बिखेर रहे हैं
पर क्या फायदा
गर्भ में ही मारे जा रहे हैं मेरे बच्चे
उससे जो बच जा रहे हैं
की जाती है उनकी हत्या

उन दिनों नयी-नयी ट्राम की पटरी लगी थी
मैं ख़ुश था
बहुत ख़ुश था

ट्राम की टुन-टुन अच्छी लगती थी
उस समय गाड़ियाँ जमीन पर चलती थीं
आज उड़ती हैं नाक के पास

शहर में हम ही सबसे बड़े थे
आज बौने से खड़े हैं
उनकी खिड़कियों से दिखते हैं
खिलौने से

10

बुज़ुर्ग पेड़ एक बार फिर बोला
बच्चों की धमा-चौकड़ी में
एक आदमी बैठ जाता था यहाँ
गाये जाते थे किसिम-किसिम के गीत
सुनाई जाती थीं ढेर-ढेर कहानियाँ
कहानियों में छिपे रहते थे पाठ
जैसे घोंघे में छिपा रहता था राजकुमार

मैं ही सबकुछ था उनका
वे मेरी जवानी के दिन थे
सुनहरे दिन
सबसे अच्छे दिन

देख रहे हो
वह प्यारी सी लड़की
अपने प्रेमी से मिलने आयी है
सबसे नजर बचाकर
लौट जायेगी सबकी नजरों से बचकर
यहाँ घंटों खेला करती थी

उसी लड़के के साथ
माँ तब भी डरती थी 'बेटी पेड़ से गिर न जाये'
आज भी डरती है
कहीं पैर डगमगा न जायें

आज इतना ही बाकी कल
पक्षी घर लौट रहे हैं
उनके आराम का समय हो गया है
कहकर पेड़
पेड़ हो जाता है।

11

वह* एक इतिहास है
खड़ा है ढाई सौ सालों से

एक पेड़
एक पूरा जंगल
एक पूरा समय
जड़ें जुड़ी हैं जमीन से इस तरह
जैसे एक पहाड़
अपने पूरे वैभव के साथ

शाखाओं पर शाखाएँ
उन पर फिर शाखाएँ
रचती है एक अद्‌भुत इन्द्रजाल

सबल भुजाएँ
पसलियों में गाढ़ा गहरा हरा-हरा रक्त
जीवन की जिजीविषा प्रगाढ़

---

*कोलकाता के बोटेनिकल गार्डेन में सुरक्षित 250 वर्षों का संसार का सबसे बूढ़ा बरगद का पेड़

हरा-भरा है इसका संसार
आँधियों से डर नहीं
खड़ा है ढाई सौ सालों से
जड़ें चन्दन लिपटे भुजंग की तरह
धरती को पाने को बेताब

धरती के अन्दर फैला है
अपना परिवार
अपनी परम्परा
अपनी संस्कृति
अपना संसार

हमारे पुरखों का पुरखा
इसके पास सुरक्षित है
हमारे ढाई सौ सालों का इतिहास
ढाई सौ सालों का भूगोल।

12

पेड़ के एक-एक पत्ते पर
लिखी होती है कविता

वे जड़ों में ही रच दी जाती हैं
हवा पानी शब्द देते हैं
मिट्टी शिल्प

नये-नये पत्तों पर
नयी-नयी कविता

शहर में खो रहे हैं पत्ते
खो रही है कविता।

किताब

अच्छी उपन्यास चल रही है
बहुत सुन्दर बरसात हो रही है
मैं किताब बन्द कर देती हूँ
खिड़की खोल लेती हूँ
किताब के पन्ने फड़फड़ाने लगते हैं
आसमान एकदम साफ
एक भी परिन्दा नहीं

उनकी जगह ले ली उपन्यास के परिन्दों ने
वे सब उड़ने लगे
भीगे पात्रों के
रंग-रूप आकृति सब बदलने लगे

आवरण बिना
वे और साफ थे
पारदर्शी थे
नजदीक थे
जाने-पहचाने थे

मैं थी
मेरे साथ वे थे
और बरसात थी।

फूल

पीले-पीले सूरजमुखी
उगता लाल सूरज
एक दूसरे पर मोहित हैं

सूरजमुखी खिलते जा रहे हैं
चम-चम चमकते जा रहे हैं
सूरज फूल होता जा रहा है

उन्हें देखकर
अमलतास सूरजमुखी हो रहे हैं
अमलतास पर चढ़ रहा है
प्रेम का रंग
वे खिल रहे हैं
झर रहे हैं

धरती को फूलों ने बचा रखा है।

कविता

मुझे कविताएँ बहुत परेशान करती हैं
बहुत दुख देती हैं
कभी-कभी सुख भी

एक कविता पढ़कर मैं सो जाती हूँ
फिर पढ़ती हूँ
फिर सो जाती हूँ
मालूम है? मैं एक दिन
दिन में चार बार सोई हूँ

और एक यह
इसे पढ़कर सो नहीं पाई रात भर

एक तो कभी पूरी नहीं होती
अपने पढ़ने पर दोष मढ़ती हूँ
पन्द्रह सोलह बार पढ़ चुकी
एक बार फिर पढ़नी होगी इतमिनान से

और यह एक युवा कवि की कविता
बस की टिकट पर लिखी गयी
यहाँ कविता इतनी तेजी से आती है
कि बस की टिकट पर

पूरी पृथ्वी घूमने लगती है

और उसको क्या कहूँ
जो कविता नहीं
एक जादू की तरह
छा जाती है दिलो-दिमाग पर

और एक मैं
रजाई में दुबकी
हाथ बाहर निकालने की भी हिम्मत नहीं
फिर भी
उठकर बैठती हूँ
रजाई लपेटकर लिखती हूँ कुछ
कविता या सुख जैसा कुछ

और जब
'जागो मोहन प्यारे' गाती अलार्म बज उठती है
मैं झट से फिर रजाई में घुसती हूँ
सोने का नाटक करती हूँ
सोचते हुए
सोने भी नहीं देतीं ये कविताएँ।

अच्छी लगी

पहला काव्य-संग्रह
उतना ही प्रिय होता है
जितना कि पहला प्यार
पहला बच्चा
पहला-पहला
सब कुछ

सभी से प्रशंसा मिली
मुझे अच्छा लगना ही था
सो अच्छा लगा

सबसे अच्छा लगा
जब मेरी पोती
उसे अपने स्कूल बैग में लेकर चली
अपने दोस्तों को अपनी अध्यापिका को दिखाने

स्कूल बैग पीठ पर टाँगे
आज उसकी चाल बदली-बदली थी
उसकी यह अदा
सबसे ज्यादा अच्छी लगी।